The Dream Thief: Bilingual Italian-English Stories for Italian Language Learners

Pomme Bilingual

Published by Pomme Bilingual, 2024.

While every precaution has been taken in the preparation of this book, the publisher assumes no responsibility for errors or omissions, or for damages resulting from the use of the information contained herein.

THE DREAM THIEF: BILINGUAL ITALIAN-ENGLISH STORIES FOR ITALIAN LANGUAGE LEARNERS

First edition. December 3, 2024.

Copyright © 2024 Pomme Bilingual.

ISBN: 979-8230265979

Written by Pomme Bilingual.

Table of Contents

Il Ladro di Sogni

Milano, la città delle luci e delle ombre, era al culmine del fermento artistico. Arianna Moretti si aggirava tra i vicoli del quartiere Brera con una cartella di schizzi sotto il braccio e un cuore pieno di speranze. La sua ultima mostra non aveva venduto nemmeno un quadro, e l'affitto dello studio era in ritardo di tre mesi.

Un giorno, mentre sorseggiava un cappuccino in un piccolo bar, la sua attenzione fu catturata da un uomo elegante seduto al tavolo accanto. Aveva l'aria di chi apparteneva a un mondo lontano dai problemi quotidiani. Lo sguardo penetrante e un sorriso appena accennato bastarono a renderlo affascinante.

— Sei un'artista, vero? — le chiese lui, indicando la cartella.

— Sì... ci provo, almeno, — rispose lei timidamente.

— Mi chiamo Riccardo Fabbri. Forse potrei aiutarti. —

Riccardo si rivelò un conoscitore dell'arte milanese. Sapeva tutto delle gallerie, dei curatori e persino delle tendenze internazionali. Prese a frequentare lo studio di Arianna, mostrando un interesse sincero per le sue opere. Era generoso con i complimenti e prodigo di consigli.

— Questi tuoi paesaggi onirici... sono un sogno. Conosco una galleria che potrebbe esporli. Lascia fare a me. —

In pochi giorni, Riccardo organizzò un incontro con la Galleria Venturi, una delle più prestigiose di Milano. Arianna non poteva credere alla propria fortuna. Le sue tele vennero accettate per una mostra collettiva, e le prime vendite arrivarono quasi subito.

Ma qualcosa non tornava. Riccardo sembrava sapere tutto di tutti, ma della sua vita personale non parlava mai. Quando Arianna gli chiese come fosse riuscito a introdurla in quel circuito esclusivo, lui si limitò a sorridere.

— Ho i miei metodi. —

Poi, iniziarono a circolare strane voci. Dipinti di valore inestimabile sparivano dalle collezioni private di Milano. Una sera, durante una cena con altri artisti, qualcuno fece un commento pungente.

— Hai visto che fortuna hai avuto, Arianna? Peccato che ultimamente i furti di quadri siano così frequenti. Forse Riccardo è una sorta di Robin Hood dell'arte. —

Arianna rise, ma dentro di sé cominciò a nutrire dubbi. Chi era davvero Riccardo Fabbri?

Una notte, incapace di dormire, decise di seguirlo. Riccardo era stato vago su un incontro importante, e la curiosità di Arianna prese il sopravvento. Lo vide entrare in una villa signorile nei pressi di Porta Venezia. Attraverso una finestra aperta, intravide quadri appoggiati alle pareti. Uno di questi sembrava familiare: era il famoso "Tramonto Dorato," rubato pochi giorni prima.

Terrorizzata, Arianna tornò a casa. Decise di affrontarlo il giorno dopo.

— Riccardo, devo sapere la verità. Sei coinvolto in questi furti?
—

Lui la guardò, per la prima volta senza sorridere.

— E se lo fossi? Ti ho mai fatto del male? Ho solo voluto aiutarti.
—

Arianna sentì il peso della delusione, ma anche la confusione di chi aveva ricevuto un dono inaspettato. Riccardo le aveva dato una possibilità, ma a che prezzo?

La mattina seguente, Arianna andò alla polizia. Raccontò tutto ciò che sapeva, ma senza fare il nome di Riccardo. Non aveva prove sufficienti e, nonostante tutto, una parte di lei lo ammirava ancora.

Pochi giorni dopo, Riccardo sparì. La Galleria Venturi ritirò le opere di Arianna, e le sue vendite cessarono. Tuttavia, la sua fama come artista emergente era ormai consolidata.

Ogni tanto, Arianna riceveva una lettera anonima con un biglietto aereo o una piccola somma di denaro. Anche senza firma, sapeva chi era il mittente.

Nonostante il mistero, sentiva che Riccardo non era stato solo un ladro di quadri. Era stato, in un certo senso, un ladro di sogni. Ma quei sogni, lei, li avrebbe custoditi per sempre.

The Dream Thief

———

Milan, the city of lights and shadows, was at the height of its artistic frenzy. Arianna Moretti wandered through the alleyways of the Brera district with a portfolio of sketches under her arm and a heart full of hope. Her latest exhibition had sold not a single painting, and the rent for her studio was three months overdue.

One day, while sipping a cappuccino in a small café, her attention was captured by an elegant man sitting at the table next to hers. He had the air of someone belonging to a world far removed from everyday troubles. His piercing gaze and a faint smile were enough to make him intriguing.

"You're an artist, aren't you?" he asked, gesturing to the portfolio.

"Yes... I try, at least," she replied shyly.

"My name is Riccardo Fabbri. Perhaps I could help you."

Riccardo turned out to be a connoisseur of Milanese art. He knew everything about galleries, curators, and even international trends. He began frequenting Arianna's studio, showing a sincere interest in her work. He was generous with compliments and full of advice.

"These dreamlike landscapes of yours... they're a dream. I know a gallery that could exhibit them. Let me take care of it."

In just a few days, Riccardo arranged a meeting with the Venturi Gallery, one of the most prestigious in Milan. Arianna couldn't believe her luck. Her paintings were accepted for a group exhibition, and the first sales came almost immediately.

But something didn't add up. Riccardo seemed to know everything about everyone, yet he never spoke of his personal life. When Arianna asked how he had managed to introduce her to such an exclusive circuit, he simply smiled.

"I have my methods."

Then, strange rumors began circulating. Paintings of priceless value were disappearing from private collections across Milan. One evening, during dinner with other artists, someone made a pointed remark.

"Have you seen your good fortune, Arianna? It's a shame that art thefts have become so frequent lately. Maybe Riccardo is some kind of Robin Hood of the art world."

Arianna laughed, but deep down, doubts began to creep in. Who was Riccardo Fabbri, really?

One night, unable to sleep, she decided to follow him. Riccardo had been vague about an important meeting, and Arianna's curiosity got the best of her. She saw him enter a stately villa near Porta Venezia. Through an open window, she glimpsed paintings leaning against the walls. One of them looked familiar: it was the famous "Golden Sunset," stolen just days before.

Terrified, Arianna returned home. She decided to confront him the next day.

"Riccardo, I need to know the truth. Are you involved in these thefts?"

He looked at her, for the first time without smiling.

"And what if I were? Have I ever harmed you? I just wanted to help you."

Arianna felt the weight of disappointment, but also the confusion of someone who had been given an unexpected gift. Riccardo had given her a chance, but at what cost?

The following morning, Arianna went to the police. She told them everything she knew but without naming Riccardo. She had no solid proof, and despite everything, part of her still admired him.

A few days later, Riccardo disappeared. The Venturi Gallery withdrew Arianna's works, and her sales stopped. However, her reputation as an emerging artist was now firmly established.

Occasionally, Arianna would receive an anonymous letter with a plane ticket or a small sum of money. Even without a signature, she knew who the sender was.

Despite the mystery, she felt that Riccardo had not only been a thief of paintings. In a sense, he had been a thief of dreams. But those dreams, she would keep forever.

Omicidio sul Lago

Il lago di Como era in tutta la sua gloria. Una leggera foschia si alzava dalla superficie scintillante, incorniciando la Villa Bellavista, un'imponente dimora con giardini terrazzati che scendevano fino all'acqua. Era il giorno del matrimonio di Alessandro Greco e Bianca Caruso, una coppia perfetta agli occhi del mondo. La villa era gremita di invitati, tra cui politici, industriali e membri dell'élite milanese.

La celebrazione sembrava procedere senza intoppi. I calici tintinnavano, le risate riempivano l'aria, e una band suonava melodie jazz nell'elegante salone principale. Poi, improvvisamente, il caos.

Un urlo squarciò la quiete del lago. Tutti si precipitarono verso il pontile, dove una barca a remi galleggiava lentamente verso la riva. Disteso al suo interno c'era Alessandro, il corpo immobile, la camicia bianca macchiata di sangue.

Il commissario Vittorio Rinaldi arrivò poco dopo. Alto e dal portamento elegante, con un completo grigio leggermente sgualcito, aveva l'aria di chi aveva visto tutto, ma non si era mai stancato di cercare la verità.

Osservò la scena con attenzione. Il lago era calmo, come se nulla fosse accaduto, ma il volto del morto raccontava una storia diversa: un'espressione di sorpresa congelata per sempre.

— Nessun segno di lotta, — disse il medico legale. — Ma questa ferita al petto è chiaramente causata da un coltello. Un colpo netto. —

Rinaldi si voltò verso la villa.

— Tutti gli invitati devono rimanere qui. Nessuno lascia la proprietà. —

Rinaldi iniziò a interrogare i presenti. I sospetti non mancavano.

Bianca Caruso, la sposa, era in lacrime.

— Alessandro era tutto per me! Non so chi avrebbe potuto fargli del male! — gridò, ma il commissario notò una tensione dietro il suo dolore.

Marco Greco, fratello dello sposo, sembrava scosso ma evitava di guardare negli occhi il commissario.

— Non ci posso credere... Era mio fratello! — disse, con un tono che sembrava più rabbioso che triste.

Elena Bellini, un'ex fidanzata di Alessandro, si trovava tra gli invitati.

— Io? Gelosa? È ridicolo! Alessandro ed io ci siamo lasciati da anni. —

Luca Conti, il testimone dello sposo, era stranamente silenzioso. Quando Rinaldi gli chiese dove fosse stato durante la serata, balbettò:

— Ero... ero in giardino. Da solo. Non ho visto nulla. —

Man mano che le ore passavano, Rinaldi scoprì che sotto la facciata perfetta si nascondeva una rete di segreti. Alessandro non era l'uomo ideale che tutti credevano. Aveva avuto una relazione segreta con Elena mentre frequentava già Bianca, e il fratello Marco lo odiava per aver preso il controllo dell'azienda di famiglia.

Inoltre, Bianca non era così innocente. Una cameriera rivelò a Rinaldi di averla vista discutere animatamente con Alessandro pochi giorni prima del matrimonio.

— Diceva che non voleva più sposarlo, ma lui la minacciava. Parlava di un contratto... qualcosa di legato ai soldi. —

La svolta arrivò quando Rinaldi esaminò la barca. Notò delle gocce d'acqua sul fondo, come se qualcuno avesse remato fino a riva in fretta. Inoltre, trovò un fazzoletto insanguinato con le iniziali "L.C."

Chiamò Luca Conti per un nuovo interrogatorio.

— Il fazzoletto è tuo, vero? — chiese Rinaldi, fissandolo.

— Io... sì, è mio, ma non ho fatto nulla! —

Rinaldi lo incalzò.

— Sappiamo che eri innamorato di Bianca. E quando hai scoperto che Alessandro la stava usando per i suoi affari, hai deciso di proteggere lei e il suo patrimonio. —

Luca crollò.

— È vero! Non volevo ucciderlo... volevo solo spaventarlo. Ma lui ha reagito, e... —

Luca confessò tutto. Aveva seguito Alessandro alla barca per affrontarlo.

Rinaldi osservò il lago ancora una volta, la sua superficie immobile come se volesse seppellire per sempre i segreti della notte.

— L'acqua può nascondere molto, — mormorò, — ma la verità trova sempre il modo di venire a galla. —

Con Luca sotto custodia, il caso era chiuso, ma la tragedia avrebbe lasciato un'ombra su Villa Bellavista per molto tempo.

Murder on the Lake

Lake Como was in all its glory. A light mist rose from the sparkling surface, framing Villa Bellavista, an imposing residence with terraced gardens that descended to the water. It was the wedding day of Alessandro Greco and Bianca Caruso, a perfect couple in the eyes of the world. The villa was filled with guests, including politicians, industrialists, and members of Milan's elite.

The celebration seemed to be going smoothly. Glasses clinked, laughter filled the air, and a jazz band played melodies in the elegant main hall. Then, suddenly, chaos.

A scream tore through the stillness of the lake. Everyone rushed to the dock, where a rowboat drifted slowly toward the shore. Inside, lay Alessandro, his body still, his white shirt stained with blood.

Commissioner Vittorio Rinaldi arrived shortly after. Tall and with an elegant posture, wearing a slightly rumpled gray suit, he had the look of someone who had seen it all but never tired of seeking the truth.

He observed the scene carefully. The lake was calm, as if nothing had happened, but the dead man's face told a different story: a look of surprise frozen forever.

"No signs of struggle," the coroner said. "But this chest wound is clearly caused by a knife. A clean strike."

Rinaldi turned toward the villa.

"All guests must stay here. No one leaves the property."

Rinaldi began questioning the guests. Suspects were not lacking.

Bianca Caruso, the bride, was in tears.

"Alessandro was everything to me! I don't know who could have hurt him!" she cried, but the commissioner noticed a tension behind her grief.

Marco Greco, the groom's brother, seemed shaken but avoided looking the commissioner in the eye.

"I can't believe it... He was my brother!" he said, his tone sounding more angry than sad.

Elena Bellini, Alessandro's ex-girlfriend, was among the guests.

"Me? Jealous? That's ridiculous! Alessandro and I broke up years ago."

Luca Conti, the groom's best man, was strangely silent. When Rinaldi asked where he'd been during the evening, he stammered:

"I... I was in the garden. By myself. I didn't see anything."

As the hours passed, Rinaldi uncovered a web of secrets hidden beneath the perfect facade. Alessandro was not the ideal man everyone believed him to be. He had been having a secret affair with Elena while already dating Bianca, and his brother Marco hated him for taking control of the family business.

Moreover, Bianca was not as innocent as she seemed. A maid revealed to Rinaldi that she had seen Bianca arguing heatedly with Alessandro a few days before the wedding.

"She said she didn't want to marry him anymore, but he was threatening her. He talked about a contract... something to do with money."

The breakthrough came when Rinaldi examined the boat. He noticed water droplets on the bottom, as if someone had rowed quickly to shore. Additionally, he found a blood-stained handkerchief with the initials "L.C."

He called Luca Conti in for a new round of questioning.

"The handkerchief is yours, isn't it?" Rinaldi asked, staring at him.

"I... yes, it's mine, but I didn't do anything!"

Rinaldi pressed him.

"We know you were in love with Bianca. And when you found out Alessandro was using her for his business dealings, you decided to protect her and her wealth."

Luca broke down.

"It's true! I didn't want to kill him... I just wanted to scare him. But he reacted, and..."

Luca confessed everything. He had followed Alessandro to the boat to confront him.

Rinaldi looked at the lake once more, its surface still as if it wanted to bury the secrets of the night forever.

"The water can hide a lot," he murmured, "but the truth always finds its way to the surface."

With Luca in custody, the case was closed, but the tragedy would leave a shadow over Villa Bellavista for a long time.

La Donna Invisibile

Il quartiere di Crocetta a Torino era il prototipo della tranquillità borghese: villette eleganti, giardini curati, e un silenzio interrotto solo dal rumore discreto delle auto di passaggio. Ma quella mattina, l'armonia fu spezzata da un grido che risuonò per l'intera via.

— Mia moglie è scomparsa! — gridava Alessandro Donati, fuori dalla porta della sua casa impeccabile. I vicini si affacciarono curiosi, mentre l'uomo agitava le braccia in preda al panico.

La chiamata arrivò a Lucia Ferri, una delle poche investigatrici private della città. Non era un caso insolito per lei; le persone scompaiono più spesso di quanto si creda. Ma c'era qualcosa nella voce di Alessandro, una tensione non del tutto spiegabile, che le fece accettare il caso.

— Mia moglie, Beatrice, è uscita ieri pomeriggio per fare la spesa e non è più tornata, — spiegò Alessandro nel suo studio, un ambiente ordinato fino all'eccesso. — Non avrebbe mai lasciato la casa volontariamente. Qualcuno deve averla presa! —

Lucia osservò l'uomo attentamente. Aveva un'aria distinta, ma il suo nervosismo era palpabile.

— La polizia cosa dice? —

— Pensano che sia scappata. Ma non è possibile! Beatrice era... è una donna tranquilla. Non avrebbe mai fatto una cosa del genere. —

Lucia annuì, ma qualcosa nella descrizione di Beatrice le sembrò troppo perfetto, troppo statico.

Lucia iniziò le indagini visitando i negozi che Beatrice frequentava. Il macellaio la ricordava come una cliente educata ma riservata. La cassiera del supermercato disse che l'aveva vista spesso con una lista precisa, senza mai scambiare più di poche parole.

— Era come un fantasma, — commentò la donna. — Sempre qui, ma quasi invisibile. —

Lucia esplorò anche la vita sociale di Beatrice, scoprendo che non frequentava nessuno oltre il marito. Nessuna amica intima, nessuna attività al di fuori della casa. La sua esistenza sembrava confinata tra le mura domestiche.

Ma una scoperta improvvisa cambiò tutto.

Rovistando nella camera da letto, Lucia trovò un piccolo diario nascosto in un cassetto. Le pagine erano piene di pensieri che rivelavano una Beatrice diversa da quella che tutti conoscevano.

"Mi sento prigioniera in questa casa. Alessandro vuole il controllo su tutto, anche sui miei pensieri. Ogni giorno è un peso che cresce. Ho bisogno di fuggire, ma come?"

Lucia rimase colpita. Questo diario parlava di una donna frustrata, soffocata da una vita che non aveva scelto.

Seguendo un'intuizione, Lucia iniziò a cercare tracce di una possibile fuga. Dopo alcune ricerche, scoprì che Beatrice aveva affittato una piccola stanza in un albergo del centro una settimana prima della sua scomparsa, sotto un falso nome.

Parlando con il portiere dell'albergo, Lucia apprese che Beatrice aveva ricevuto visite da un uomo, un certo Paolo. Era un collega di Alessandro, come rivelarono alcune telefonate che Lucia riuscì a tracciare.

— Paolo e Beatrice avevano una relazione, — disse Lucia a se stessa, raccogliendo i pezzi del puzzle. — Ma cosa è successo dopo? —

Confrontando Alessandro, Lucia lo trovò in difficoltà.

— Lei non poteva lasciarmi! Era mia moglie! — gridò, quando Lucia menzionò Paolo.

— Lo sapevi della relazione, vero? È per questo che ha deciso di andarsene? —

Alla fine, Alessandro crollò.

— L'ho scoperto per caso... Ho provato a parlarle, ma lei era già lontana, mentalmente. Non potevo lasciarla andare così. Lei è mia! —

Ma Alessandro non era responsabile della scomparsa. Beatrice, con l'aiuto di Paolo, era fuggita in Francia, lasciandosi alle spalle una vita che non sentiva più sua. Lucia lo scoprì tramite un messaggio anonimo che arrivò sul suo telefono.

"Non tornerò mai indietro. Grazie per non avermi giudicata."

Lucia chiuse il caso con un misto di sollievo e malinconia. Beatrice non era una vittima, ma una donna che aveva trovato il coraggio di sparire per ricominciare.

Guardando il quartiere tranquillo di Crocetta, Lucia pensò a quante altre donne vivevano vite invisibili, soffocate dalle aspettative altrui. Forse Beatrice non era così diversa da tante altre, ma aveva fatto qualcosa di straordinario: aveva scelto la libertà.

The Invisible Woman

The Crocetta district in Turin was the epitome of bourgeois tranquility: elegant villas, well-kept gardens, and a silence interrupted only by the discreet hum of passing cars. But that morning, the harmony was shattered by a scream that echoed down the entire street.

"My wife is missing!" shouted Alessandro Donati, standing outside his immaculate home. Neighbors peered out curiously as the man waved his arms in panic.

The call came to Lucia Ferri, one of the few private investigators in the city. It wasn't an unusual case for her; people disappear more often than one might think. But there was something in Alessandro's voice, an unexplainable tension, that made her take the case.

"My wife, Beatrice, went out yesterday afternoon to do some shopping and never came back," explained Alessandro in his office, a space so perfectly ordered it seemed almost excessive. "She would never have left the house voluntarily. Someone must have taken her!"

Lucia studied the man carefully. He had a distinguished air, but his nervousness was palpable.

"What does the police say?"

"They think she ran away. But that's impossible! Beatrice was... is a calm woman. She would never do something like that."

Lucia nodded, but something about her description of Beatrice felt too perfect, too static.

Lucia began her investigation by visiting the stores Beatrice frequented. The butcher remembered her as a polite but reserved customer. The cashier at the supermarket said she had often seen her with a precise shopping list, never exchanging more than a few words.

"She was like a ghost," the woman commented. "Always here, but almost invisible."

Lucia also delved into Beatrice's social life, discovering that she had no friends outside of her husband. No close companions, no activities beyond the home. Her existence seemed confined to the walls of her house.

But a sudden discovery changed everything.

Rummaging through the bedroom, Lucia found a small diary hidden in a drawer. The pages were filled with thoughts that revealed a Beatrice different from the one everyone knew.

"I feel like a prisoner in this house. Alessandro wants control over everything, even my thoughts. Every day is a growing burden. I need to escape, but how?"

Lucia was struck. This diary spoke of a frustrated woman, suffocated by a life she hadn't chosen.

Following a hunch, Lucia began searching for signs of a possible escape. After some digging, she discovered that Beatrice had rented a small room in a hotel downtown a week before her disappearance, under a false name.

Speaking with the hotel clerk, Lucia learned that Beatrice had received visits from a man, a certain Paolo. He was a colleague of Alessandro's, as revealed by some phone calls Lucia was able to trace.

"Paolo and Beatrice had an affair," Lucia said to herself, piecing together the puzzle. "But what happened after that?"

When Lucia confronted Alessandro, she found him in distress.

"She couldn't leave me! She was my wife!" he cried when Lucia mentioned Paolo.

"You knew about the affair, didn't you? Is that why she decided to leave?"

Eventually, Alessandro broke down.

"I found out by accident... I tried talking to her, but she was already mentally gone. I couldn't let her go like that. She's mine!"

But Alessandro wasn't responsible for the disappearance. Beatrice, with Paolo's help, had fled to France, leaving behind a life that no longer felt like her own. Lucia discovered this through an anonymous message that arrived on her phone.

"I will never go back. Thank you for not judging me."

Lucia closed the case with a mix of relief and melancholy. Beatrice wasn't a victim, but a woman who had found the courage to disappear and start over.

Looking at the quiet Crocetta district, Lucia thought about how many other women lived invisible lives, suffocated by the expectations of others. Perhaps Beatrice wasn't so different from many others, but she had done something extraordinary: she had chosen freedom.

Intrighi a Venezia

L e calli di Venezia, immerse in una nebbia sottile, nascondevano segreti più profondi delle acque del Canal Grande. Claudia Romano, giovane avvocata con una passione per i libri antichi, stava sfogliando un volume del XVII secolo in una piccola libreria nascosta vicino a Campo Santa Margherita.

— Questo libro è raro, signorina Romano, — disse il proprietario, un uomo anziano con mani macchiate d'inchiostro. — Ma anche i suoi segreti sono preziosi. —

Claudia sorrise, pensando che fosse una frase da venditore. Non sapeva quanto quelle parole fossero vere.

A casa, nella sua mansarda affacciata sui tetti veneziani, Claudia iniziò a sfogliare il libro con cura. Tra le pagine, trovò una lettera ingiallita, scritta in una calligrafia elegante ma criptica. La carta emanava un leggero odore di muffa, come se fosse rimasta nascosta per secoli.

Decifrando le prime righe, Claudia capì che non era una lettera qualsiasi. Faceva riferimento a un carico di "beni preziosi" e alla famiglia Malaspina, uno dei nomi più potenti e rispettati di Venezia.

"Il carico arriverà al porto privato dei Malaspina all'alba. Non deve essere scoperto. Troppi occhi ci osservano."

Il cuore di Claudia accelerò. Questa non era storia antica. Il linguaggio e i riferimenti erano sorprendentemente moderni.

La curiosità di Claudia si trasformò presto in preoccupazione. Sapeva che la famiglia Malaspina aveva connessioni profonde e ramificate, sia legali che meno trasparenti. Ma il suo senso di giustizia era troppo forte per ignorare la scoperta.

Iniziò a fare ricerche, usando le sue competenze legali per scavare nei registri pubblici e nei documenti archivistici. Ciò che trovò fu inquietante: movimenti di merci non registrate, società offshore, e collegamenti con individui sospettati di traffico di opere d'arte e contrabbando.

Ma più si avvicinava alla verità, più sentiva il peso di occhi invisibili su di lei.

Una sera, mentre rientrava a casa, Claudia notò un'ombra che la seguiva lungo una calle poco illuminata. Accelerò il passo, cercando di mantenere la calma, ma l'ombra la seguiva ancora.

— Signorina Romano, — disse una voce maschile alle sue spalle. Claudia si voltò di scatto, trovandosi di fronte un uomo dall'aria distinta ma minacciosa.

— Chi siete? — chiese con voce tremante.

— Mi chiamo Marco Zanin. Sono un giornalista investigativo. Credo che abbiamo un interesse in comune: i Malaspina. —

Non fidandosi, Claudia gli chiese prove delle sue intenzioni. Marco le mostrò una serie di articoli non pubblicati che collegavano la famiglia Malaspina a una rete internazionale di traffici illeciti. Decisero di unire le forze.

Claudia e Marco escogitarono un piano per raccogliere prove definitive. Claudia usò la sua posizione di avvocata per ottenere accesso a documenti legali collegati ai Malaspina, mentre Marco lavorava sotto copertura per scoprire i dettagli dei carichi al porto privato.

Una notte, i due si introdussero in un magazzino sul Canale della Giudecca, dove secondo le informazioni di Marco sarebbe arrivato un carico sospetto. Con i telefoni pronti a registrare, si nascosero tra le casse.

Poco dopo mezzanotte, un motoscafo si avvicinò silenziosamente al molo. Uomini vestiti di nero iniziarono a scaricare casse contrassegnate come "beni artistici". Marco riuscì a scattare foto e registrare un video, ma un rumore improvviso tradì la loro presenza.

— Chi c'è lì? — gridò uno degli uomini.

Claudia e Marco fuggirono a tutta velocità, inseguiti tra i vicoli. Solo grazie alla loro conoscenza dei labirintici percorsi veneziani riuscirono a seminarli.

Con le prove raccolte, Marco pubblicò un articolo esplosivo che fece scalpore a livello nazionale. I Malaspina negarono ogni accusa, ma le autorità furono costrette a indagare.

Claudia, pur rimanendo nell'ombra, ricevette un messaggio da Marco:

"Abbiamo fatto la differenza. Venezia non dimentica."

Mentre guardava il tramonto riflettersi sulle acque del Canal Grande, Claudia capì che aveva rischiato molto, ma aveva agito in nome della giustizia.

I Malaspina furono costretti a ritirarsi dalla scena pubblica, anche se molte domande rimasero senza risposta. Claudia tornò alla sua vita, continuando a dedicarsi alla legge e ai libri antichi, ma con un nuovo senso di fiducia.

Nel cuore di Venezia, la verità aveva trovato il suo cammino tra i canali, grazie al coraggio di una giovane avvocata e a un giornalista che non si era mai arreso.

Intrigues in Venice

———

The narrow streets of Venice, shrouded in a thin mist, hid secrets deeper than the waters of the Grand Canal. Claudia Romano, a young lawyer with a passion for ancient books, was flipping through a 17th-century volume in a small hidden bookstore near Campo Santa Margherita.

"This book is rare, Miss Romano," said the owner, an elderly man with ink-stained hands. "But its secrets are just as precious."

Claudia smiled, thinking it was just a sales pitch. She had no idea how true those words would prove to be.

At home, in her attic apartment overlooking the Venetian rooftops, Claudia began to carefully examine the book. Between the pages, she found a yellowed letter, written in elegant yet cryptic handwriting. The paper had a faint smell of mildew, as if it had been hidden for centuries.

Deciphering the first lines, Claudia realized this was no ordinary letter. It referred to a shipment of "precious goods" and the Malaspina family, one of the most powerful and respected names in Venice.

"The shipment will arrive at the Malaspina private dock at dawn. It must not be discovered. Too many eyes are watching."

Claudia's heart raced. This was no ancient history. The language and references were surprisingly modern.

Claudia's curiosity soon turned into concern. She knew the Malaspina family had deep and far-reaching connections, both legal and less transparent. But her sense of justice was too strong to ignore her discovery.

She began researching, using her legal expertise to dig through public records and archival documents. What she found was unsettling: unregistered shipments, offshore companies, and links to individuals suspected of art trafficking and smuggling.

But the closer she got to the truth, the more she felt the weight of invisible eyes upon her.

One evening, as Claudia was walking home, she noticed a shadow following her down a poorly lit alley. She quickened her pace, trying to stay calm, but the shadow kept following her.

"Miss Romano," a male voice called from behind. Claudia spun around, finding herself face to face with a man who appeared distinguished yet threatening.

"Who are you?" she asked, her voice trembling.

"My name is Marco Zanin. I'm an investigative journalist. I believe we have a common interest: the Malaspina family."

Not trusting him, Claudia asked for proof of his intentions. Marco showed her a series of unpublished articles linking the Malaspina family to an international network of illicit trafficking. They decided to join forces.

Claudia and Marco devised a plan to gather definitive proof. Claudia used her position as a lawyer to gain access to legal documents connected to the Malaspina family, while Marco went undercover to uncover the details of the shipments at the private dock.

One night, they sneaked into a warehouse on the Giudecca Canal, where Marco had learned a suspicious shipment was expected. With their phones ready to record, they hid among the crates.

Just after midnight, a motorboat silently approached the dock. Men dressed in black began unloading crates marked as "artistic goods." Marco managed to take photos and record a video, but a sudden noise betrayed their presence.

"Who's there?" one of the men shouted.

Claudia and Marco ran at full speed, pursued through the alleys. Only their knowledge of the labyrinthine Venetian streets allowed them to escape.

With the collected evidence, Marco published an explosive article that made national headlines. The Malaspina family denied all accusations, but the authorities were forced to investigate.

Claudia, still staying in the shadows, received a message from Marco:

"We made a difference. Venice won't forget."

As she watched the sunset reflecting on the waters of the Grand Canal, Claudia realized she had taken great risks, but had acted in the name of justice.

The Malaspina family was forced to retreat from the public eye, although many questions remained unanswered. Claudia returned to her life, continuing to focus on law and ancient books, but with a newfound sense of confidence.

In the heart of Venice, the truth had found its way through the canals, thanks to the courage of a young lawyer and a journalist who never gave up.

Il Segreto di Montemare

Montemare era un piccolo borgo toscano arroccato tra le colline, con case di pietra antica e un silenzio che sembrava custodire segreti. Quando Matteo Rossi, chef rinomato a livello internazionale, decise di tornare nel paese della sua infanzia, l'idea era semplice: aprire un ristorante che celebrasse i sapori della terra che lo aveva cresciuto.

Ma Montemare non era più il luogo sereno che ricordava. E, forse, non lo era mai stato davvero.

Matteo arrivò a Montemare in una calda giornata di settembre. Le colline dorate dal sole sembravano accoglierlo, ma gli sguardi dei pochi abitanti che incrociava lungo la strada erano più freddi.

— Sei il figlio di Pietro Rossi, vero? — gli chiese una donna anziana, seduta su una sedia di vimini davanti a casa sua.

— Sì, sono Matteo, — rispose lui con un sorriso gentile.

La donna lo fissò con occhi penetranti. — Attento, ragazzo. Montemare non dimentica. —

Matteo si allontanò, turbato. Non sapeva a cosa si riferisse, ma il tono della donna lasciava poco spazio alla leggerezza.

L'antica casa di famiglia, situata al centro del paese, divenne il cuore del progetto di Matteo. Con l'aiuto di un piccolo team di operai locali, iniziò a ristrutturarla per trasformarla in un ristorante accogliente. Ogni angolo della casa aveva un'aria di familiarità, ma c'erano stanze che Matteo non ricordava di aver mai visto, come una cantina con una porta chiusa a chiave.

Un giorno, durante i lavori, uno degli operai, un uomo di mezza età di nome Sergio, lo avvicinò.

— Non pensavo che saresti tornato, — disse con un tono ambiguo.

— Perché? — chiese Matteo.

— Non tutti qui sono contenti di vedere un Rossi a Montemare, — rispose Sergio prima di andarsene, lasciandolo con più domande che risposte.

Matteo decise di scavare nella storia della sua famiglia. Parlando con la zia Assunta, l'unica parente rimasta nel paese, scoprì una verità inquietante: i Rossi erano stati coinvolti in una disputa di terra con un'altra famiglia locale, i Conti, che risaliva a decenni prima.

— Tuo nonno, Giulio Rossi, e Luigi Conti erano amici, — spiegò Assunta. — Ma tutto cambiò quando si parlò della vendita di un pezzo di terra vicino al torrente. Si dice che ci fosse dell'oro nascosto lì. Dopo una cena tra le due famiglie, Luigi morì avvelenato. E la colpa ricadde sui Rossi. —

— È vero? — chiese Matteo, incredulo.

— Nessuno sa la verità. Ma da allora, il nome dei Rossi è stato macchiato. E i Conti non hanno mai perdonato. —

Una notte, mentre esplorava la cantina, Matteo trovò una vecchia chiave nascosta in un barattolo. Aprì la porta chiusa e scoprì una stanza segreta. Al suo interno c'erano documenti, lettere e una piccola boccetta di vetro con un liquido scuro.

Una delle lettere, firmata da suo nonno Giulio, recitava:

"Non volevo che accadesse. Non era per Luigi. Era per fermare tutto questo."

Matteo rabbrividì. Era possibile che suo nonno fosse davvero responsabile? E cosa significava quella frase criptica?

La tensione crebbe quando Matteo iniziò a ricevere minacce anonime. Biglietti scritti a mano venivano lasciati davanti alla porta del ristorante:

"Lascia Montemare prima che sia troppo tardi."

Una sera, mentre chiudeva il locale, sentì un rumore alle sue spalle. Si voltò e trovò Sergio.

— Perché sei qui? — chiese Matteo.

— Per proteggerti, — rispose l'uomo. — I Conti non hanno mai dimenticato. E non ti perdoneranno per ciò che tuo nonno ha fatto. —

Ma prima che potesse dire altro, un sibilo attraversò l'aria e Sergio cadde a terra, ferito da un colpo di fucile.

Con l'aiuto delle autorità locali, Matteo scoprì che i Conti avevano cercato per anni di nascondere la verità. Luigi Conti non era stato avvelenato dai Rossi, ma da un membro della sua stessa famiglia, che voleva impossessarsi della terra per sé.

La boccetta trovata nella cantina conteneva una sostanza simile al veleno, ma le analisi rivelarono che era innocua. Suo nonno aveva probabilmente cercato di fermare il conflitto con un gesto simbolico, che però era stato frainteso.

Con la verità finalmente venuta a galla, Matteo decise di rimanere a Montemare. Il suo ristorante, chiamato "L'Oro di Montemare", divenne un simbolo di riconciliazione e rinascita per il paese.

Ma ogni tanto, nelle notti silenziose, Matteo pensava ancora a suo nonno e al peso di quei segreti sepolti tra le colline. Il vento portava con sé un mormorio leggero, come se la terra stessa stesse raccontando la sua storia.

The Secret of Montemare

———

Montemare was a small Tuscan village nestled between the hills, with ancient stone houses and a silence that seemed to guard secrets. When Matteo Rossi, a renowned international chef, decided to return to the village of his childhood, his idea was simple: open a restaurant that celebrated the flavors of the land that had raised him.

But Montemare was no longer the peaceful place he remembered. And perhaps it never truly had been.

Matteo arrived in Montemare on a warm September day. The golden hills bathed in sunlight seemed to welcome him, but the gazes of the few inhabitants he encountered along the road were colder.

"You're Pietro Rossi's son, aren't you?" an elderly woman asked, sitting in a wicker chair in front of her house.

"Yes, I'm Matteo," he replied with a gentle smile.

The woman stared at him with piercing eyes. "Be careful, boy. Montemare doesn't forget."

Matteo walked away, unsettled. He didn't know what she meant, but her tone left little room for lightness.

The ancient family house, located in the heart of the village, became the center of Matteo's project. With the help of a small team of local workers, he began to renovate it into a welcoming restaurant. Every corner of the house had an air of familiarity, but there were rooms that Matteo didn't remember ever seeing, like a cellar with a locked door.

One day, during the work, one of the workers, a middle-aged man named Sergio, approached him.

"I didn't think you would come back," he said with an ambiguous tone.

"Why?" Matteo asked.

"Not everyone here is happy to see a Rossi in Montemare," Sergio replied before walking away, leaving him with more questions than answers.

Matteo decided to dig into his family's history. Speaking with his aunt Assunta, the only relative still living in the village, he uncovered an unsettling truth: the Rossis had been involved in a land dispute with another local family, the Contis, dating back decades.

"Your grandfather, Giulio Rossi, and Luigi Conti were friends," Assunta explained. "But everything changed when they discussed selling a piece of land near the stream. It's said there was gold hidden there. After a dinner between the two families, Luigi died of poisoning. And the blame fell on the Rossis."

"Is that true?" Matteo asked, incredulous.

"Nobody knows the truth. But since then, the name of the Rossis has been tarnished. And the Contis never forgave them."

One night, while exploring the cellar, Matteo found an old key hidden in a jar. He opened the locked door and discovered a secret room. Inside, there were documents, letters, and a small glass vial containing dark liquid.

One of the letters, signed by his grandfather Giulio, read:

"I didn't want this to happen. It wasn't for Luigi. It was to stop all of this."

Matteo shuddered. Was it possible that his grandfather had been truly responsible? And what did that cryptic phrase mean?

Tension grew as Matteo began receiving anonymous threats. Handwritten notes were left at the restaurant's door:

"Leave Montemare before it's too late."

One evening, as he was closing up, he heard a noise behind him. He turned around to find Sergio.

"Why are you here?" Matteo asked.

"To protect you," the man replied. "The Contis never forgot. And they won't forgive you for what your grandfather did."

But before he could say anything more, a hiss cut through the air, and Sergio fell to the ground, wounded by a gunshot.

With the help of local authorities, Matteo discovered that the Contis had spent years hiding the truth. Luigi Conti had not been poisoned by the Rossis, but by a member of his own family, who wanted to take the land for himself.

The vial found in the cellar contained a substance similar to poison, but the analysis revealed it to be harmless. His grandfather had probably tried to stop the conflict with a symbolic gesture, which had been misunderstood.

With the truth finally revealed, Matteo decided to stay in Montemare. His restaurant, named "L'Oro di Montemare," became a symbol of reconciliation and rebirth for the village.

But sometimes, on quiet nights, Matteo still thought about his grandfather and the weight of those secrets buried among the hills. The wind carried a soft murmur, as if the earth itself was telling its story.

L'Ultima Fermata

Era una notte umida e appiccicosa a Napoli, e la stazione ferroviaria di Piazza Garibaldi, con le sue luci tremolanti e il rumore incessante dei treni, sembrava più sinistra del solito. L'ispettore Elena Caruso fissava il corpo di un uomo riverso su una panchina del binario 8. Era il terzo in una settimana. Tutti trovati senza vita su o vicino al treno delle 23:47 per Castellammare.

"Coincidenze? Non esistono," pensò Elena, accendendosi una sigaretta mentre osservava il caos intorno a lei. Le domande si accumulavano più velocemente delle risposte.

Le vittime non avevano nulla in comune: età, professioni e origini diverse. Il primo era un contabile cinquantenne, trovato con una valigetta piena di documenti apparentemente innocui. La seconda, una giovane studentessa universitaria, aveva un diario pieno di schizzi. E ora questo, un operaio di 45 anni, con una borsa piena di chiavi arrugginite e una vecchia cartolina con la scritta: *"L'ultima fermata ci attende tutti."*

Elena passò in rassegna la scena del crimine con il suo collega, l'agente Paolo Greco.

— Un'altra cartolina, — disse lui, mostrandola a Elena.

Lei la prese, osservandola attentamente. Sul retro c'era solo una parola: *"Cariddi."*

Tornata in ufficio, Elena dispose le prove raccolte su una grande lavagna. Le cartoline erano l'elemento chiave. Ognuna raffigurava una fermata ferroviaria diversa, sempre lungo la stessa linea. Ma ciò che le incuriosiva di più era il nome *"Cariddi"*, ripetuto su ogni cartolina.

— Cariddi... Come il mostro mitologico? — chiese Paolo, entrando con due caffè.

— Forse. O potrebbe essere un nome in codice, un luogo, o una persona. — Elena sorseggiò il caffè, il suo sguardo fisso sulle cartoline.

Decise di controllare i tabulati telefonici delle vittime. Con sua sorpresa, tutte avevano ricevuto una chiamata da un numero anonimo pochi giorni prima della loro morte.

Elena decise di mettere sotto copertura un agente sul treno delle 23:47. Paolo si offrì volontario. Vestito come un pendolare qualsiasi, salì sul treno con una microcamera nascosta.

Elena osservava il feed in diretta dal suo ufficio. Il treno si riempiva lentamente di persone stanche e silenziose. Quando il treno raggiunse la fermata "Torre Annunziata," Paolo notò un uomo sospetto che lasciava una busta su un sedile vuoto.

— Sta lasciando qualcosa, — disse Paolo nel microfono.

— Seguilo, ma con discrezione, — rispose Elena.

L'uomo scese alla fermata successiva, ma prima che Paolo potesse seguirlo, una forte esplosione scosse il vagone in cui si trovava.

Paolo sopravvisse con ferite lievi, ma l'incidente portò a una scoperta scioccante. Nella busta lasciata dall'uomo c'era una cartolina identica a quelle trovate sulle vittime. Ma questa volta, sul retro c'era un messaggio più lungo: *"Cariddi è il prezzo della verità. Siamo tutti colpevoli."*

Elena era sempre più convinta che non si trattasse di omicidi casuali, ma di una vendetta orchestrata da qualcuno che voleva far pagare i propri torti a chiunque fosse coinvolto in un oscuro complotto.

Esaminando i registri ferroviari, Elena trovò finalmente un collegamento. Tutte le vittime avevano viaggiato sul treno delle 23:47 lo stesso giorno, un mese prima. Quella notte, il treno aveva fatto una fermata d'emergenza vicino a una vecchia fabbrica abbandonata, teatro di un incendio misterioso in cui erano morte cinque persone.

Scoprì che la fabbrica apparteneva a un consorzio con legami con la criminalità organizzata. Le vittime, forse senza saperlo, erano testimoni chiave di qualcosa che non avrebbero mai dovuto vedere.

Seguendo il filo conduttore, Elena identificò il mandante: un uomo chiamato "Cariddi", un ex dipendente della fabbrica che aveva perso la famiglia nell'incendio. L'uomo aveva giurato vendetta contro chiunque fosse legato al consorzio, compresi i passeggeri innocenti che avevano avuto la sfortuna di essere lì quella notte.

Con l'aiuto di un raid della polizia, Elena trovò il nascondiglio di Cariddi in una casa isolata vicino al mare. Lì scoprì un muro pieno di foto, articoli di giornale e cartoline identiche a quelle trovate sulle vittime.

Cariddi non oppose resistenza al momento dell'arresto.

— Non sono un assassino, ispettore, — disse con calma. — Ho solo dato loro una scelta: confessare o affrontare il giudizio. —

Con Cariddi in custodia, la verità sull'incendio della fabbrica venne finalmente a galla, portando a numerosi arresti all'interno del consorzio. Ma Elena non poteva fare a meno di sentire una strana empatia per Cariddi. Aveva trasformato il suo dolore in giustizia, seppur distorta.

La stazione ferroviaria di Piazza Garibaldi tornò alla normalità, ma ogni volta che Elena passava dal binario 8, non poteva fare a meno di pensare a quella notte e ai segreti che i treni di Napoli avrebbero continuato a trasportare nelle loro carrozze.

The Last Stop

It was a damp and sticky night in Naples, and the Piazza Garibaldi train station, with its flickering lights and the constant noise of trains, seemed even more sinister than usual. Inspector Elena Caruso stared at the body of a man lying on a bench on platform 8. He was the third one in a week. All found dead on or near the 23:47 train to Castellammare.

"Coincidences? They don't exist," Elena thought, lighting a cigarette as she watched the chaos around her. Questions piled up faster than answers.

The victims had nothing in common: different ages, professions, and origins. The first was a fifty-year-old accountant, found with a briefcase full of seemingly innocent documents. The second, a young university student, had a diary full of sketches. And now this one, a 45-year-old worker, with a bag full of rusty keys and an old postcard that read: *"The last stop awaits us all."*

Elena reviewed the crime scene with her colleague, Agent Paolo Greco.

— "Another postcard,"* he said, showing it to Elena.

She took it and examined it closely. On the back was only one word: *"Charybdis."*

Back at the office, Elena pinned the collected evidence on a large board. The postcards were the key element. Each depicted a different train stop, always along the same line. But what intrigued her most was the name *"Charybdis,"* repeated on each postcard.

— "Charybdis... Like the mythical monster?"* Paolo asked, entering with two coffees.

— "Maybe. Or it could be a code name, a place, or a person."* Elena sipped her coffee, her gaze fixed on the postcards.

She decided to check the phone records of the victims. To her surprise, all had received a call from an anonymous number just days before their deaths.

Elena decided to place an undercover agent on the 23:47 train. Paolo volunteered. Dressed like any other commuter, he boarded the train with a hidden microcamera.

Elena watched the live feed from her office. The train slowly filled with tired, silent people. When the train reached the "Torre Annunziata" stop, Paolo noticed a suspicious man leaving an envelope on an empty seat.

— "He's leaving something,"* Paolo said into the microphone.

— "Follow him, but discreetly,"* Elena responded.

The man got off at the next stop, but before Paolo could follow him, a loud explosion shook the car he was in.

Paolo survived with minor injuries, but the incident led to a shocking discovery. Inside the envelope left by the man was a postcard identical to the ones found on the victims. But this time, on the back, there was a longer message: *"Charybdis is the price of truth. We are all guilty."*

Elena was increasingly convinced that these were not random murders, but a revenge plot orchestrated by someone who wanted to make those involved in a dark conspiracy pay.

Examining the train records, Elena finally found a connection. All the victims had traveled on the 23:47 train the same day, a month earlier. That night, the train had made an emergency stop near an old abandoned factory, the site of a mysterious fire in which five people had died.

She discovered that the factory belonged to a consortium with ties to organized crime. The victims, perhaps unknowingly, had been key witnesses to something they should never have seen.

Following the trail, Elena identified the mastermind: a man called "Charybdis," a former factory employee who had lost his family in the fire. The man had sworn revenge on anyone connected to the consortium, including the innocent passengers who had had the misfortune of being there that night.

With the help of a police raid, Elena found Charybdis' hideout in a remote house by the sea. There, she discovered a wall full of photos, newspaper clippings, and postcards identical to the ones found on the victims.

Charybdis offered no resistance when arrested.

— "I'm not a murderer, inspector,"* he said calmly. — "I only gave them a choice: confess or face judgment."*

With Charybdis in custody, the truth about the factory fire finally came to light, leading to numerous arrests within the consortium. But Elena couldn't help feeling a strange empathy for Charybdis. He had transformed his pain into a form of justice, albeit distorted.

The Piazza Garibaldi train station returned to normal, but every time Elena passed platform 8, she couldn't help but think of that night and the secrets the trains of Naples would continue to carry in their carriages.

Il Caffè degli Inganni

Florence. Una città famosa per la sua bellezza, per le piazze eleganti e le strade piene di storia. Ma sotto la luce dorata del tramonto, c'era un angolo oscuro, un piccolo caffè che sembrava fuori posto tra le gallerie e le botteghe di artigianato. "Il Caffè degli Inganni" era il suo nome. Un posto dove il silenzio era rotto solo dal suono di tazzine che tintinnavano e sussurri discreti. Un luogo che non avrebbe dovuto attirare l'attenzione, eppure, in qualche modo, riusciva sempre a farlo.

Marcello De Angelis, un professore in pensione, ci andava da mesi. Non per l'atmosfera affascinante o il caffè eccellente, ma per il mistero che aleggiava attorno alla proprietaria, Viola. Una donna con occhi di ghiaccio e un sorriso che non arrivava mai veramente a toccare il cuore. Viola gestiva il caffè con una calma glaciale, ma Marcello sapeva che c'era qualcosa di più dietro quel comportamento misurato.

Le cose iniziarono a cambiare quando alcuni dei frequentatori abituali del caffè cominciarono a soffrire strani incidenti. Un uomo, il dottor Bertolini, cadde dalla sua sedia durante una conversazione tranquilla e rimase paralizzato. Un altro cliente, signor D'Angelo, scivolò e si fece male mentre usciva, ma quando lo soccorsero, sembrava non ricordare nemmeno come fosse caduto. La polizia non riusciva a trovare alcuna spiegazione logica, eppure Marcello non riusciva a scuotere la sensazione che tutto fosse collegato.

Ogni volta che un nuovo incidente accadeva, Viola sembrava particolarmente calma, quasi indifferente. Non si preoccupava mai, né mostrava alcun segno di ansia. La sua reazione, o piuttosto la mancanza di reazione, non faceva che accrescere il sospetto di Marcello.

Un pomeriggio, mentre sorseggiava un caffè con la sua solita calma, Marcello si avvicinò a Viola.

— Viola, — disse, fissandola negli occhi. — Senti parlare di certi incidenti ultimamente?

Lei lo guardò senza battere ciglio.

— Marcello, non sono mica io a farli succedere, — rispose, la sua voce bassa, ma tagliente come una lama. — Il caffè è solo un luogo dove le persone si incontrano.

Marcello le sorrise, ma non si lasciò ingannare. La sua esperienza di accademico e investigatore dilettante lo aveva insegnato a leggere tra le righe. Sapeva che c'era qualcosa sotto la superficie.

Decise di fare alcune indagini per conto suo. Sapeva che Viola aveva legami con alcune persone di cui non si parlava mai apertamente: personaggi misteriosi che entravano e uscivano dal caffè, sempre con l'aria di chi sa più di quanto dovrebbe. E la sua connessione con un tale "Rocco", uno dei nomi che ricorrevano tra i sussurri, lo turbava. Rocco non era un uomo con cui si voleva mai entrare in contatto, e Marcello era consapevole che i suoi legami con il crimine organizzato erano più che sospetti.

Una sera, dopo aver osservato per settimane, Marcello decise che era ora di affrontare la verità. Si diresse verso il caffè, determinato a scoprire cosa stesse davvero accadendo. Quando entrò, la stanza era silenziosa come al solito, ma c'era un'aria tesa. Marcello si sedette al bancone e, con la sua solita calma, ordinò un caffè. Viola lo servì con il suo sorriso enigmatico.

— Viola, — disse, cercando di non far trasparire la sua tensione. — Senti, credo che tu abbia degli amici un po' strani.

La donna lo guardò, il suo volto immobile.

— Non capisco cosa tu voglia dire, — rispose lentamente, con voce perfettamente controllata.

Marcello non perse tempo.

— Senti, ho sentito parlare di Rocco, — continuò, osservando la sua reazione. — Dicono che sia il tipo di persona con cui non si vuole avere nulla a che fare. Dicono che gestisca affari... ehm, poco legali.

Viola fissò Marcello per un lungo momento. Poi, senza dire una parola, si girò e si avvicinò a una porta sul retro. Non c'era tempo da perdere. Marcello la seguì, sperando che finalmente avesse la possibilità di svelare il mistero.

Dietro la porta, in una piccola stanza buia, c'era un uomo seduto a un tavolo, le mani incrociate e un'espressione da duro. Rocco. Viola lo presentò a Marcello, ma non serviva molto. Marcello capì immediatamente chi era.

Rocco rise, e il suono era freddo e minaccioso.

— Ah, il nostro professore in pensione. — Il tono di Rocco era beffardo. — Non pensavo ti piacesse fare il detective, Marcello.

Marcello non si fece intimidire.

— Non sono un detective, ma qualche domanda mi è venuta. Questi incidenti... sono troppo casuali. —

Viola sorrise debolmente.

— Non ci sono incidenti casuali, Marcello. Solo opportunità. E tu stai mettendo il naso dove non dovresti.

A quel punto, Marcello capì. La verità era che il caffè non era solo un punto di incontro per artisti o intellettuali, ma un vero e proprio punto di contatto per attività poco pulite. Le "misteriose" disgrazie dei clienti non erano altro che avvertimenti, e quelli che osavano andare troppo oltre venivano puniti.

Marcello rimase in silenzio, ma nel suo cuore una decisione era già presa. Non poteva semplicemente camminare via, ignorare quello che stava scoprendo. Ma nemmeno voleva entrare in un gioco così pericoloso.

Viola lo guardò, come se avesse già letto nei suoi occhi.

— Se vuoi andartene, Marcello, fallo ora. Altrimenti, sarai dentro per sempre, e non potrai più uscirne.

Con un sorriso triste, Marcello si alzò e uscì dal caffè. Sapeva che non sarebbe mai stato lo stesso. Il "Caffè degli Inganni" non era solo un caffè: era un luogo dove le vite venivano manipolate, dove le verità venivano nascoste dietro un velo di falsità.

Ma a Marcello non importava più. Aveva visto abbastanza. Ora, l'unica cosa che gli restava da fare era uscire dalla porta e non guardarsi mai più indietro.

The Café of Deceit

———

Florence. A city famous for its beauty, its elegant squares, and its streets full of history. But beneath the golden light of the sunset, there was a dark corner, a small café that seemed out of place among the galleries and artisan shops. "The Café of Deceit" was its name. A place where silence was broken only by the sound of tinkling cups and discreet whispers. A place that shouldn't have drawn attention, yet somehow, always managed to do so.

Marcello De Angelis, a retired professor, had been going there for months. Not for the charming atmosphere or the excellent coffee, but because of the mystery that surrounded the owner, Viola. A woman with ice-blue eyes and a smile that never quite reached the heart. Viola ran the café with a cold calm, but Marcello knew there was something more behind that measured behavior.

Things started to change when some of the café's regulars began to suffer strange accidents. One man, Dr. Bertolini, fell from his chair during a quiet conversation and was left paralyzed. Another customer, Mr. D'Angelo, slipped and injured himself as he was leaving, but when helped, he seemed to have no memory of how he had fallen. The police couldn't find any logical explanation, yet Marcello couldn't shake the feeling that it was all connected.

Each time a new accident occurred, Viola seemed particularly calm, almost indifferent. She never worried, nor showed any sign of anxiety. Her reaction, or rather her lack of reaction, only increased Marcello's suspicions.

One afternoon, while sipping his coffee with his usual calm, Marcello approached Viola.

"Viola," he said, looking her in the eye. "Have you heard about some of these accidents lately?"

She looked at him without blinking. "Marcello, I'm not the one making them happen," she replied, her voice low but as sharp as a blade. "The café is just a place where people meet."

Marcello smiled at her but wasn't fooled. His experience as an academic and amateur investigator had taught him to read between the lines. He knew there was something beneath the surface.

He decided to do some investigation on his own. He knew that Viola had ties to some people who were never openly discussed: mysterious figures who came in and out of the café, always with the air of someone who knows more than they should. And her connection to a certain "Rocco," one of the names whispered about, disturbed him. Rocco was not a man one wanted to make contact with, and Marcello was aware that his ties to organized crime were more than suspicious.

One evening, after weeks of observing, Marcello decided it was time to confront the truth. He headed to the café, determined to uncover what was really going on. When he entered, the room was as silent as usual, but there was a tense atmosphere. Marcello sat at the counter and, with his usual calm, ordered a coffee. Viola served him with her enigmatic smile.

"Viola," he said, trying not to let his tension show. "I think you have some strange friends."

The woman looked at him, her face expressionless. "I don't understand what you mean," she replied slowly, her voice perfectly controlled.

Marcello didn't waste time. "Look, I've heard about Rocco," he continued, watching her reaction. "They say he's the type of person you don't want to have anything to do with. They say he runs... well, not-so-legal businesses."

Viola stared at Marcello for a long moment. Then, without saying a word, she turned and walked to a door in the back. There was no time to waste. Marcello followed her, hoping he would finally have the chance to unravel the mystery.

Behind the door, in a small, dark room, there was a man sitting at a table, his hands crossed and a tough expression on his face. Rocco. Viola introduced him to Marcello, but it wasn't necessary. Marcello immediately understood who he was.

Rocco laughed, and the sound was cold and threatening. "Ah, our retired professor." Rocco's tone was mocking. "I didn't think you liked playing detective, Marcello."

Marcello wasn't intimidated. "I'm not a detective, but I've got a few questions. These accidents... they're too coincidental."

Viola smiled faintly. "There are no accidental incidents, Marcello. Only opportunities. And you're sticking your nose where it doesn't belong."

At that point, Marcello understood. The truth was that the café wasn't just a meeting spot for artists or intellectuals—it was a real contact point for shady activities. The "mysterious" misfortunes of the customers were nothing more than warnings, and those who dared to go too far were punished.

Marcello remained silent, but in his heart, a decision had already been made. He couldn't just walk away, ignoring what he had uncovered. But neither did he want to get involved in such a dangerous game.

Viola looked at him, as though she had already read his mind. "If you want to leave, Marcello, do it now. Otherwise, you'll be in this for good, and you'll never be able to get out."

With a sad smile, Marcello stood up and left the café. He knew it would never be the same. "The Café of Deceit" wasn't just a café: it was a place where lives were manipulated, where truths were hidden behind a veil of lies.

But Marcello didn't care anymore. He had seen enough. Now, the only thing left for him to do was walk out the door and never look back.

L'Orologio di Sabbia

Roma. La città eterna, dove la bellezza dei monumenti antichi si mescola con il potere politico e le ombre che si celano nei corridoi del governo. Nel cuore pulsante della capitale, tra palazzi che sembrano toccare il cielo e strade che raccontano secoli di storia, si svolge una vicenda che cambierà per sempre le sorti di chi la vive.

Tommaso Greco, un detective dal passato oscuro e dai metodi non convenzionali, era abituato a indagare su crimini che non erano mai come sembravano. Ma questa volta la situazione era diversa. Questa volta, il caso che aveva tra le mani riguardava qualcosa di più grande, qualcosa che affondava le radici nel cuore stesso della politica italiana.

Tutto iniziò con il brutale omicidio di un senatore, Andrea Martelli, trovato morto nel suo lussuoso appartamento in un elegante quartiere di Roma. La scena del crimine non lasciava dubbi: l'uomo era stato ucciso con un colpo preciso, diretto al cuore, ma ciò che colpì Tommaso più di tutto fu l'oggetto trovato accanto al corpo.

Un orologio di sabbia. Non un orologio qualunque, ma uno antico, di fattura finissima, con la sabbia che stava ancora scorrendo. Il tempo sembrava non fermarsi mai, ma in quel momento sembrava anche contare verso qualcosa di irreparabile.

L'orologio era la chiave. Tommaso lo sapeva. Ogni dettaglio contava.

L'inchiesta lo portò in un mondo oscuro e pericoloso, dove nessuno era chi sembrava. Ogni passo che Tommaso faceva lo avvicinava sempre di più a una verità sconvolgente: il senatore Martelli non era stato solo un politico di spicco, ma un membro di una società segreta che operava dentro le mura del governo. Una confraternita che, nel silenzio delle stanze del potere, manovrava le sorti della nazione.

Tommaso dovette confrontarsi con una rete di complicità, inganni e minacce. I politici che incontrava non erano uomini di Stato, ma pedine di un gioco molto più grande, un gioco che coinvolgeva ricatti, omicidi e segreti tenuti nascosti da decenni.

Ogni persona che interrogava sembrava sapere qualcosa di più, ma nessuno voleva parlare. La paura era palpabile, ma dietro la paura c'era qualcosa di ancora più inquietante: l'incredibile potere che quella società segreta aveva sul destino del paese.

Più Tommaso si addentrava nell'indagine, più l'orologio di sabbia sembrava essere legato a qualcosa di imminente. Ogni volta che trovava una nuova pista, l'orologio riappariva, sempre più vicino al suo destino fatale. La sabbia sembrava scorrere sempre più velocemente, come se stesse contando verso un evento devastante. Un incontro segreto. Una rivelazione. Un cambiamento irreversibile.

Era chiaro che il senatore Martelli non era stato ucciso solo per il suo ruolo politico. La sua morte era il segno di una guerra silenziosa che stava consumando il cuore della politica italiana, una guerra che avrebbe avuto ripercussioni su tutto il paese.

Quando Tommaso scopri la verità dietro la morte del senatore, la situazione si fece pericolosissima. La società segreta non aveva intenzione di lasciarlo andare. L'orologio di sabbia aveva segnato il suo destino, e ogni sua mossa sembrava essere stata predetta.

La corsa contro il tempo era iniziata. Tommaso non solo doveva risolvere il caso, ma doveva anche fare in modo di sfuggire alle minacce che lo circondavano. Ogni alleato che aveva trovato lungo il cammino sembrava aver tradito la sua fiducia, ogni informazione che raccoglieva sembrava essere un passo più vicino alla sua fine.

L'ultima parte della sua indagine lo portò nel cuore di Roma, in un palazzo abbandonato che si diceva fosse la sede segreta della confraternita. Con l'orologio di sabbia che continuava a segnare il tempo, Tommaso entrò in quel luogo con la consapevolezza che la sua vita, così come quella dell'intero paese, dipendevano dalle scelte che stava per fare.

Nel momento decisivo, quando l'orologio segnò l'ultimo granello di sabbia, la verità venne a galla, ma fu troppo tardi. Tommaso aveva scoperto il volto della corruzione, ma la corruzione aveva anche trovato lui. In quel momento, il gioco del potere non avrebbe più avuto regole, e la sabbia si fermò.

La città eterna non era mai stata così fragile.

The Hourglass

———

Rome. The Eternal City, where the beauty of ancient monuments blends with political power and the shadows lurking in the corridors of government. In the beating heart of the capital, among palaces that seem to touch the sky and streets that tell centuries of history, a story unfolds that will forever change the fate of those involved.

Tommaso Greco, a detective with a dark past and unconventional methods, was used to investigating crimes that were never what they seemed. But this time, things were different. This time, the case he held in his hands involved something much bigger, something that reached deep into the heart of Italian politics.

It all began with the brutal murder of a senator, Andrea Martelli, found dead in his luxurious apartment in an elegant district of Rome. The crime scene left no doubts: the man had been killed with a precise shot aimed directly at his heart, but what struck Tommaso more than anything was the object found next to the body.

An hourglass. Not just any hourglass, but an ancient one, exquisitely crafted, with sand that was still flowing. Time seemed never to stop, but in that moment, it also seemed to be counting down to something irreparable.

The hourglass was the key. Tommaso knew it. Every detail mattered.

The investigation led him into a dark and dangerous world, where no one was who they seemed to be. Every step Tommaso took brought him closer to a shocking truth: Senator Martelli had not only been a prominent politician but also a member of a secret society operating within the government's walls. A brotherhood that, in the silence of the halls of power, maneuvered the fate of the nation.

Tommaso had to confront a network of complicity, deception, and threats. The politicians he encountered were not statesmen, but pawns in a much larger game, a game involving blackmail, murders, and secrets hidden for decades.

Everyone he questioned seemed to know something more, but no one wanted to talk. The fear was palpable, but behind the fear lay something even more disturbing: the incredible power that this secret society held over the country's fate.

The deeper Tommaso delved into the investigation, the more the hourglass seemed tied to something imminent. Every time he found a new lead, the hourglass reappeared, ever closer to its fatal end. The sand seemed to flow faster and faster, as if counting down to a devastating event. A secret meeting. A revelation. An irreversible change.

It was clear that Senator Martelli had not been killed just for his political role. His death was the sign of a silent war consuming the heart of Italian politics, a war that would have repercussions throughout the country.

When Tommaso uncovered the truth behind the senator's death, things became dangerously complicated. The secret society had no intention of letting him go. The hourglass had marked his fate, and every move he made seemed to have already been predicted.

The race against time had begun. Tommaso had not only to solve the case, but also to escape the threats closing in around him. Every ally he had found along the way seemed to have betrayed him, and every piece of information he gathered seemed to bring him one step closer to his own end.

The final part of his investigation led him into the heart of Rome, to an abandoned building said to be the secret headquarters of the brotherhood. With the hourglass continuing to measure time, Tommaso entered that place with the knowledge that his life, as well as the life of the entire country, depended on the choices he was about to make.

In the decisive moment, when the hourglass marked the last grain of sand, the truth came to light, but it was too late. Tommaso had uncovered the face of corruption, but corruption had also found him. In that moment, the game of power would no longer have rules, and the sand stopped.

The Eternal City had never been so fragile.

www.ingramcontent.com/pod-product-compliance
Lightning Source LLC
Chambersburg PA
CBHW051352150726
48000CB00003B/1146